Este livro pertence a…

....

Copyright © BPA Publishing Ltd 2020

Autora: Pip Reid

Ilustrador: Thomas Barnett

Diretor de Criação: Curtis Reid

www.biblepathwayadventures.com

Obrigado por apoiar a Bible Pathway Adventures®. Nossa série de aventuras ajuda os pais a ensinarem mais sobre a Bíblia aos seus filhos de uma forma divertida e criativa. Criada para toda a família, a missão da Bible Pathway Adventures é ajudar a levar o discipulado de volta aos lares ao redor do mundo. A busca pela verdade é mais divertida do que a tradição!

Os direitos morais de autor e ilustrador foram declarados, este livro é protegido por direitos autorais.

ISBN: 978-1-989961-31-5

O dilúvio

As aventuras de Noé

*"E durou o dilúvio quarenta dias sobre a terra, e cresceram as águas
e levantaram a arca, e ela se elevou sobre a terra." Gênesis 7:17*

Imagine se Deus, o Deus de Abraão, Isaque e Jacó, mandasse você construir o maior barco do mundo. Você o construiria? Você provavelmente balançaria a cabeça e diria: "Sem chance! Isso é impossível — eu jamais conseguiria construir algo assim!"

Bom, acontece que Deus deu estas exatas instruções a um homem chamado Noé. E mesmo sem entender totalmente o plano de Deus, Noé disse sim.

Deus viu que as pessoas na Terra tinham se tornado muito perversas. Elas roubavam umas das outras, adoravam aos anjos e misturavam animais diferentes para criar estranhas espécies novas. Deus não estava nada satisfeito. Não era isso que Ele tinha criado.

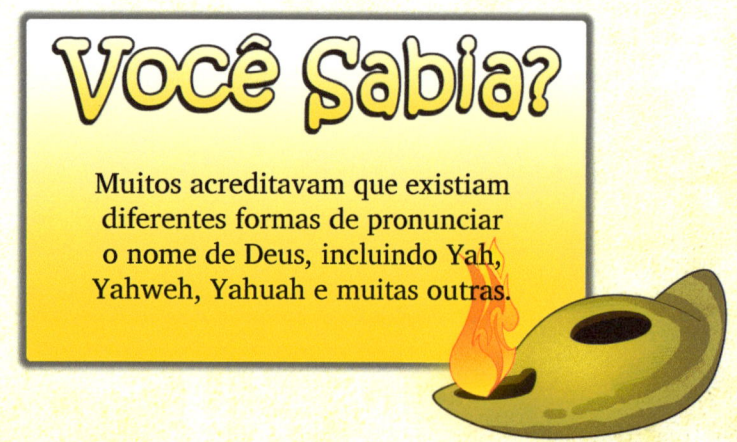

Você Sabia?

Muitos acreditavam que existiam diferentes formas de pronunciar o nome de Deus, incluindo Yah, Yahweh, Yahuah e muitas outras.

Durante essa época, uma raça de temíveis gigantes chamados Nefilins também tinha aparecido. Eles eram filhos de anjos maus e mulheres humanas. Os Nefilins eram monstruosos e malvados!

— A terra se tornou violenta demais — disse Deus. — Lamento ter feito o homem.

Ele elaborou então um plano para eliminar tudo na terra e começar de novo.

Mas Noé tinha uma ótima relação com Deus, e não se comportava como as outras pessoas. Ele era fiel e obediente. Um dia, Deus disse a Noé:

— As pessoas não estão seguindo Meus caminhos. Vou inundar a terra e começar tudo de novo.

Noé não conseguia acreditar no que estava ouvindo. Deus queria destruir tudo? *Ele deve achar a Terra um lugar bastante perverso,* pensou.

Você Sabia?

Ogue, o rei de Basã, era um gigante. Sua cama tinha 4 metros de comprimento e quase 1,8 de largura.
(Deuteronômio 3:8-13)

Mas Deus tinha mais a dizer:

— Quero que você construa uma arca. Precisa ser uma embarcação grande o bastante para abrigar muitos animais. Você deve construí-la com 300 côvados de comprimento, 30 côvados de altura e 50 côvados de largura. Depois, cubra-a de piche.

Noé coçou a barba. O barco seria enorme! Ele olhou para cima e admirou o céu azul. O que Deus estava planejando? Noé não sabia o que era chuva. Ele nunca havia adormecido ao som de pingos de chuva caindo no telhado de sua casa, e não tinha nem mesmo uma capa de chuva.

Quando Deus criou a terra, Ele havia feito uma névoa que subia do solo e regava as plantas. Por que precisaria cair água do céu?

— E minha família? — perguntou Noé. — Irá poupá-la assim como aos animais?

— Minha enchente vai destruir tudo — respondeu Deus. — Mas não se preocupe, Eu vou manter você e sua família a salvo.

Noé suspirou de alívio. Ele amava sua família! Mas Noé continuava curioso. Afinal, ele nunca tinha construído uma arca antes.

— Siga Minhas instruções — orientou Deus. — Eu lhe direi o que fazer.

Noé e seus três filhos — Sem, Cam e Jafé — eram muito inteligentes e sabiam construir várias coisas. Eles cortaram árvores para o casco e esculpiram pedras para as âncoras. Depois, fizeram pregos de ferro e misturaram grandes barris de um piche espesso que ajudava a manter tudo grudado. Quando tudo finalmente ficou pronto, Noé e seus filhos começaram a construir a Arca.

Noé e seus filhos seguiram as instruções de Deus cuidadosamente, e a cada dia a Arca crescia mais. Os vizinhos de Noé observavam fascinados aquele barco gigantesco. Eles nunca tinham visto um barco TÃO grande!

— Deus realmente mandou você construir esta arca? — perguntaram eles, rindo. — Está perdendo seu tempo, seu velho tolo!

Noé olhou feio para seus vizinhos.

— Se tiverem fé em Deus, podem se juntar a nós — respondeu ele.

Mas seus vizinhos continuaram a zombar e não lhe deram ouvidos.

— Nós não precisamos de Deus para nada — gabaram-se. — Temos os anjos para nos guiar.

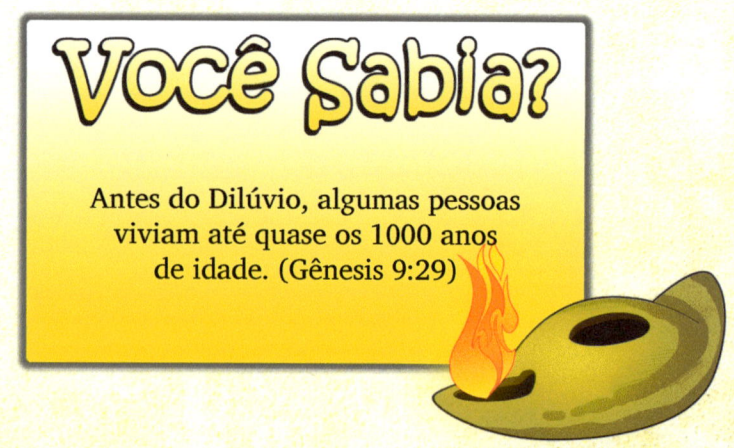

Você Sabia?

Antes do Dilúvio, algumas pessoas viviam até quase os 1000 anos de idade. (Gênesis 9:29)

Noé e seus filhos ignoraram as risadas e continuaram construindo a Arca. Eles construíram três conveses para os animais e instalaram uma porta especial de entrada. Depois, construíram quartos aconchegantes para si mesmos e uma grande janela para que o navio não ficasse com um cheiro forte demais. Por último, eles construíram um telhado de madeira e cobriram a Arca com um piche escuro e pegajoso que a tornava à prova d'água.

Finalmente, a Arca ficou pronta. Os homens largaram suas ferramentas e admiraram o poderoso barco.

— Que embarcação incrível — disse Sem. — Já viram algo tão grandioso?

Sem e sua família mal podiam imaginar a aventura extraordinária que os esperava.

Deus disse a Noé:

— Encha a Arca com todo tipo de comida para você e os animais.

Noé fez exatamente o que Deus mandou. Ele juntou frutas secas, verduras e peixes para sua família, e grãos e feno para os animais. A esposa de Noé preparava refeições há anos, então ela sabia que eles tinham muito o que comer!

— Agora — disse Deus —, leve toda a sua família para dentro da Arca e se prepare. Vou reunir os animais e trazê-los para você.

Os familiares de Noé estremeceram de emoção. Qual seria o próximo plano de Deus? Eles pegaram seus pertences e os levaram para a Arca.

Depois, Noé esperou os animais chegarem.

Logo, milhares de animais estavam aglomerados em frente à Arca, empurrando e espremendo uns aos outros para conseguir um lugar. Eles rugiam, rosnavam, grasnavam e grunhiam. Imagine a barulheira!

Noé estava boquiaberto. Ele estava vendo um monte de animais estranhos que nunca tinha visto antes.

— Deus, por onde começo? — perguntou, levando as mãos ao rosto. Noé estava muito agradecido pela ajuda de Deus.

— Leve sete pares de cada pássaro e animal puro — disse Deus. — De cada animal impuro, leve somente um par. Depois de sete dias, farei cair água sobre a terra por quarenta dias e quarenta noites.

Noé ficou na frente da Arca e contou os animais. Ele escolheu sete pares de cada espécie dos animais puros. E de cada espécie de animal impuro, ele escolheu apenas um par, exatamente como Deus havia mandado.

Então, ele conduziu os animais pela rampa para dentro da Arca. Havia girafas e elefantes, tamanduás e tatus, gatos e macacos e ursos e hipopótamos. Assim que todos os animais entraram, Deus fechou a porta. Nenhum dos vizinhos de Noé entrou na Arca. Eles tinham escolhido fazer as coisas do seu próprio jeito.

Você Sabia?

Noé tinha 600 anos quando o Dilúvio começou. (Gênesis 7:11)

De repente, o céu escureceu. Trovões rugiram pelas densas nuvens negras e raios cortaram o céu pesado e cinzento. As comportas do céu se abriram e começou a chover.

Choveu e choveu. Os amigos e vizinhos de Noé olharam espantados para o céu.

— De onde está vindo esta água? — perguntavam uns aos outros. — Talvez Noé estivesse certo!

A terra começou a balançar e a rachar como um ovo. As fontes das profundezas se romperam, e a água começou a sair do solo. Os vizinhos assustados de Noé esmurraram a Arca, implorando para entrar.

— Abra a porta! Se não abrir, nós vamos morrer.

Noé secou uma lágrima do rosto. Ele queria, do fundo do coração, que as pessoas tivessem colocado sua fé em Deus.

— Avisei a eles sobre isto, mas acharam que eu estava louco — disse Noé à sua esposa. — Eles não acreditaram que eu estava ouvindo Deus. Agora é tarde demais.

A chuva continuou por quarenta dias e quarenta noites. As águas das enchentes subiam cada vez mais. Dentro da Arca, os animais eram atirados de um lado para o outro como roupas em uma máquina de lavar. Era tão barulhento, que a família de Noé mal podia ouvir seus próprios pensamentos!

Noé colocou a cabeça para fora da janela e viu que a água se estendia até o final do horizonte. Os montes e vales tinham desaparecido. Noé estremeceu e apertou seu manto em volta do corpo. As únicas pessoas ainda vivas eram ele e sua família.

— Deus, por favor nos proteja e nos salve desta tempestade — pediu Noé.

A chuva finalmente parou e as fontes das profundezas se fecharam. Um vento leve soprou sobre a Terra e as ondas ficaram planas como vidro. Tudo ficou quieto.

Noé e sua família olharam pela janela para as águas lamacentas. Era como se toda a terra tivesse desaparecido debaixo deles! Eles agradeceram a Deus por mantê-los a salvo.

— Parece que estamos nesta Arca há séculos — observou Sem, suspirando. — Quando acha que a água vai desaparecer?

Noé sorriu para seu filho e respondeu:

— Não se preocupe. Deus não Se esqueceu de nós. Tenha fé, Ele vai resolver tudo.

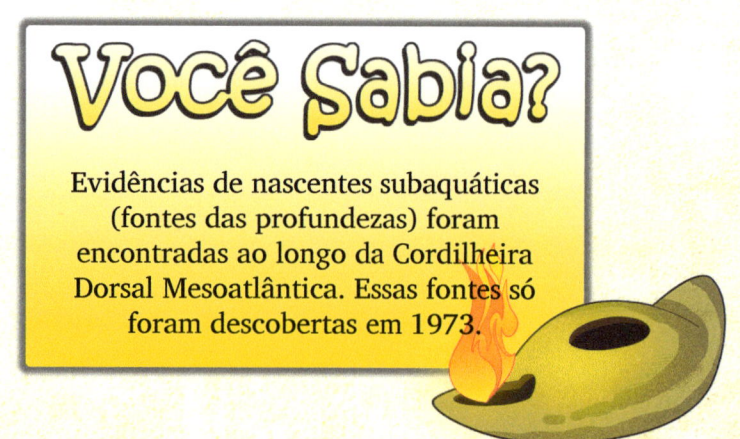

Você Sabia?

Evidências de nascentes subaquáticas (fontes das profundezas) foram encontradas ao longo da Cordilheira Dorsal Mesoatlântica. Essas fontes só foram descobertas em 1973.

Todos os dias, a família de Noé olhava pela janela para ver se a água havia desaparecido. Mas, todas as manhãs, a água ainda batia nas laterais da Arca.

Um dia, enquanto Noé e sua família tomavam café da manhã, eles avistaram a ponta de uma rocha ao longe.

— A água deve estar baixando! — exclamou Noé, apontando para a rocha.

— O quê? — perguntou Sem, correndo junto de Cam para a janela e observando a formação rochosa escura. Eles quase não podiam acreditar no que estavam vendo. — É verdade! Deus realmente não Se esqueceu de nós!

Alguns meses depois, a Arca finalmente parou nas montanhas de Ararate. Noé escolheu uma grande ave negra, chamada de corvo, e a mandou para fora da Arca. O pássaro voou de um lado para o outro, esperando que a água sobre a terra secasse.

Noé se cansou de esperar o corvo voltar, então ele mandou uma pomba. A pomba não conseguiu achar um lugar onde pousar, e seu estômago começou a roncar. Então ela voou de volta para a Arca, onde sabia que havia comida de sobra.

Noé esperou mais sete dias e mandou a pomba sair novamente. Dessa vez, a ave voltou com um ramo de oliveira. Os olhos de Noé brilharam.

— Isso significa que a água finalmente baixou! — exclamou.

Ele mandou a pomba sair novamente e, dessa vez, ela jamais retornou.

Noé e seus filhos abriram a porta da Arca e olharam para sua nova casa, espantados.

— O solo parece seco! — observou Jafé, sorrindo para a mãe. — Talvez possamos plantar verduras de novo.

A esposa de Noé bateu palmas e agradeceu a Deus de coração por salvar sua família. Ela mal podia esperar para preparar uma refeição apropriada para todos.

Deus disse a Noé:

— Reúna sua esposa, seus filhos, as esposas dos seus filhos, e saiam da Arca. Levem todas as aves e animais com vocês.

Noé e seus familiares olharam nervosos uns para os outros. Eles estavam felizes em deixar a embarcação, mas o dilúvio tinha destruído tudo. Como poderiam viver naquela terra nova e estranha?

Você Sabia?

Existem mais de 500 lendas pelo mundo todo sobre um Dilúvio global. Muitas histórias incluem o aviso de um dilúvio futuro, a construção de um barco, o armazenamento de animais e uma família.

Os animais se levantaram com dificuldade e esticaram suas patas. Eles tinham ficado no barco por muito tempo e mal podiam esperar para rolar na grama verde e fresca! Um por um, os animais correram pela rampa de madeira e saíram sob o sol do meio-dia.

Noé queria agradecer a Deus por ter mantido sua família em segurança durante o dilúvio, então ele juntou uma pilha de pedras e construiu um grande altar de pedra. Ele pegou uma porção de cada ave pura e de cada animal puro, e ofereceu ofertas queimadas no altar para Deus.

Deus estava muito feliz por Noé ter obedecido durante a grande aventura. Ele disse a Si mesmo:

—Nunca mais amaldiçoarei a terra dessa forma, nem destruirei todas as coisas vivas. Enquanto a terra estiver aqui, estações virão e irão embora, e o dia e a noite nunca cessarão.

Depois disso, Deus abençoou Noé e seus filhos, dizendo:

— Noé, tenha muitos filhos para que seus descendentes habitem sobre toda a Terra.

Noé sorriu, satisfeito com a ideia de ter uma grande família. Ele plantou um vinhedo para comemorar.

Deus também tinha uma promessa para Noé e seus descendentes. Ele disse:

— Prometo nunca mais destruir todas as coisas vivas com um dilúvio. Como sinal de minha promessa, vou colocar um arco-íris no céu.

Noé e sua família ficaram felizes. Eles estavam prontos para confiar plenamente em Deus.

As palavras de Deus duram para sempre. De agora em diante, sempre que você avistar um arco-íris no céu, lembre-se de que Deus sempre cumpre Suas promessas!

FIM

TESTE SEU CONHECIMENTO!
(Combine a pergunta com a resposta na parte inferior da página)

PERGUNTAS

Quem era o pai de Noé? ....

Qual comprimento tinha a arca de Noé? ....

De que material era feita a arca de Noé? ....

Quantas janelas tinha a arca? ....

Quantos pares de cada animal "puro" Noé levou na arca? ....

Quantos anos tinha Noé quando o Dilúvio começou? ....

O que a pomba trouxe de volta para Noé? ....

Em que cordilheira a arca de Noé parou? ....

O que Noé construiu depois de sair da arca? ....

Qual era o sinal de uma aliança entre Deus e Noé? ....

RESPOSTAS

1. Lameque
2. 300 côvados
3. Madeira de Gofer
4. Um
5. Sete
6. Seiscentos anos
7. Um ramo de oliveira
8. Montanhas de Ararate
9. Um altar
10. Um arco-íris

Complete o caça-palavras

Bible Pathway Adventures®

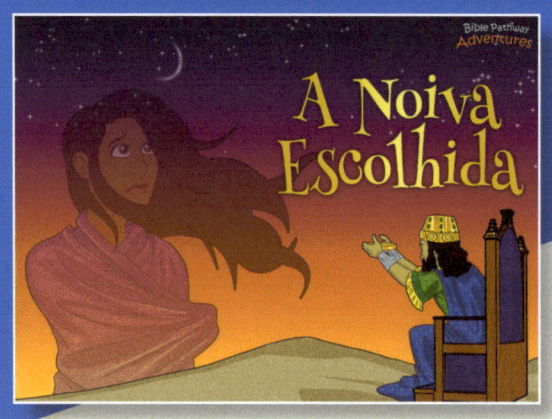

Engolido por um peixe

Enfrentando o gigante

Fuga do Egito

O nascimento do Rei

Naufragado!

O Êxodo

Lançado aos leões

A traição ao Rei

O Rei ressuscitado

Vendido como escravo

Salvo por uma jumenta

A bruxa de Endor

Batalha de Jericó

Descubra mais histórias bíblicas da Bible Pathway Adventures!

Confira os livros de atividades da Bible Pathway Adventures

 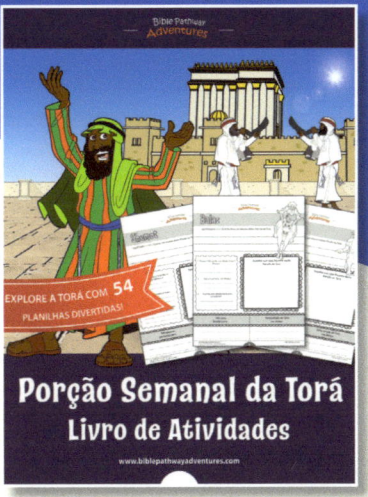 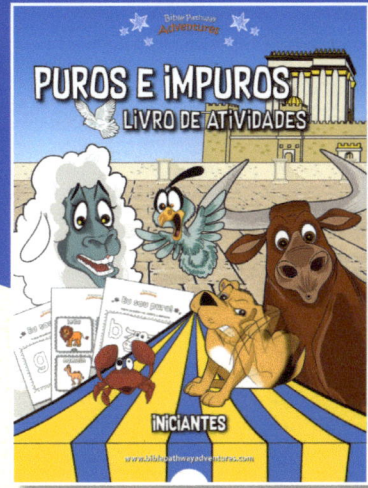 

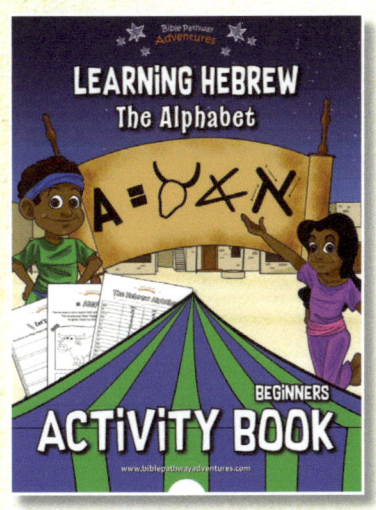 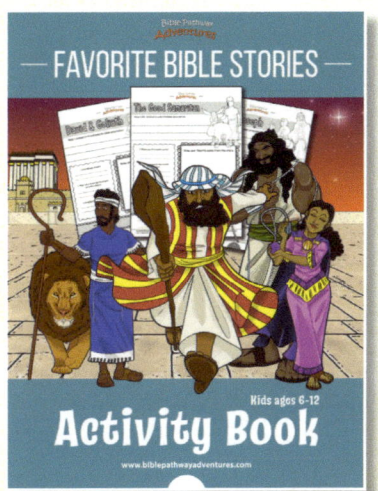  

VISITE

www.biblepathwayadventures.com

www.ingramcontent.com/pod-product-compliance
Lightning Source LLC
Chambersburg PA
CBHW040319100526

44583CB00004BB/152